ANQUAN ZHISHI XIAO SHOUCE

# 安全知识小手册

范先佐 主编

第三册

华中师范大学出版社

**图书在版编目(CIP)数据**

安全知识小手册. 第三册/范先佐主编. —武汉：华中师范大学出版社，2017. 4(2022. 12 重印)

ISBN 978-7-5622-7741-5

Ⅰ. ①安… Ⅱ. ①范… Ⅲ. ①安全教科文－中小学－课外读物 Ⅳ①G634. 203

中国版本图书馆 CIP 数据核字(2017)第 071748 号

**出　　版**：©华中师范大学出版社
**社　　址**：湖北省武汉市珞喻路 152 号　**编　　邮**：430079
**策　　划**：基础教育分社
**责任编辑**：李　蓉　**责任校对**：钟　文　**封面设计**：武汉浩艺
**电　　话**：027－67863040(市场部)　027－67862387(编辑部)
**传　　真**：027－67863291　**邮　　购**：027－67861321
**网　　址**：http://press. ccnu. edu. cn
**电子信箱**：press@mail. ccnu. edu. cn
**印　　刷**：湖北画中画印刷有限公司　**督　　印**：刘　敏
**字　　数**：60 千字
**开　　本**：710mm×1000mm　1/16　**印　　张**：5. 75
**版　　次**：2017 年 4 月第 1 版　**印　　次**：2022 年 12 月第 2 次印刷
**定　　价**：15. 00 元

欢迎上网查询、购书

# 编者的话

近年来，发生在青少年身上的安全事故比较多，涉及生活的方方面面。青少年的安全牵动着千家万户的幸福生活，是全社会安全工作的重要组成部分，它直接关系着青少年能否健康成长。而现在的青少年安全意识不强，安全知识匮乏，自救能力差等，这已成为社会亟待解决的问题。

本套读本在对青少年中容易出现伤害的事件进行调查分析的基础上，精炼地设计相关主题，介绍了一些基本的安全知识、经验和求生技能，进一步使青少年拥有自我保护的意识。让青少年懂得在日常生活中怎样远离危险，防患于未然。

在本套读本的编写过程中，许多专家、学者给予了热情的指导和帮助。在此，我们要特别感谢武汉大学人民医院李清泉教授、徐自良教授、王军陵教授，广州军区武汉总医院刘幼英教授，华中师范大学生命科学学院周吉源教授、陈国生教授。

祝愿青少年朋友们健康快乐地成长！

2017 年 4 月 15 日

# 目录

安全才能回家

# 迷路莫慌张

阳春三月，正是踏青的好时节。每一次郊游踏青，我们都是那样兴高采烈，就像一只只从笼子里放出来的小鸟，欢快地投入到大自然的怀抱，高兴地玩，忘情地乐。有时候，我们会被优美的景物所吸引，于是远离群体，却全然不知有迷路的危险。

茜茜这个星期天一大早就起床了，她要去参加班上组织的“找春天”的郊游活动。出发前，老师像往常一样，强调郊游的安全问题。茜茜觉得那是老生常谈，心想自己是高年级的学生，已经懂得如何保护自己了。

大约一个多小时后，茜茜和老师、同学们来到了郊外。春光明媚，微风习习，同学们都很高兴。茜茜拉着好朋友婷婷的手，蹦蹦跳跳地去“找春天”。突然，婷婷发现了一种淡紫色的小花，可漂亮啦！两人决定采一些野花，把春天的气息带回家。当她们准备满载而归的时候，才发现自己已置身于一片森林之中，老师和同学们都不见了。两个人都忘了是从哪条路走进来的。更糟糕的是，当她们试着往外走时，却怎么也走不出这片森林。这下两人慌了，哭成了一团。春天是找着了，可是把自己给丢了，这可如何是好呢？

茜茜和婷婷为什么会迷路？她们在这次郊游活动中有哪些地方做得不对？

茜茜和婷婷被一种淡紫色小花吸引，离开集体去采花，把自己较长时间置于一个陌生的环境，这是导致她们迷路的主要原因。万一迷路了，哭是没有用的，毫无目的地瞎闯乱跑，也只会造成体力的

过度消耗，还容易发生意外。

一般说来，在森林中迷了路，可以这样做：

- 回忆。回忆自己来时走过的路，试着沿原路返回。

- 观察。通过观察野草被踩倒的方向或者野草的疏密状况，寻找来时的路。草最稀的路往往是人走得最多的，沿着它走就容易走出森林。

- 登高瞭望。登上离自己最近的高处，一来可以确定自己的位置，二来容易发现同伴或其他过路人。

- 寻找水流。在林区，道路和居民点常常依水而建，沿着水流的方向走，就有可能找到居民点，走出森林。

- 呼救。登上高处，一边脱下鲜艳的衣服挥舞，一边大声呼救。

## 小 提 醒

外出前，应该做好充分的准备，如带上地图、指南针、手表等，尽量避免迷路。

留意沿途经过的比较有特征的地方或沿途留下标记。

## 小 知 识

在野外如何辨别方向？

看太阳。早晨太阳升起的时候面向太阳，方向大致是前东后西，左北右南；傍晚太阳落山的时候与早晨正好相反。

看植物。在我国绝大部分地区，大树枝叶茂盛的一面是南方，反之则是北方。如果附近有树桩，还可以根据树的年轮辨别方向，年轮宽的一面是南方，窄的一面是北方。

看北极星。天空中，有一颗人们最熟悉的星星朋友一北极星，北极星总是正对着北方。

在晴朗的夜晚，可以比较容易地看到天空中像勺形的七颗明亮的星星，这就是北斗星。用直线把勺形边上两颗星连接起来，向勺口方向延长大约五倍的距离，就可以发现一颗非常明亮的星星，这就是北极星。北极星总是正对着地球北方。

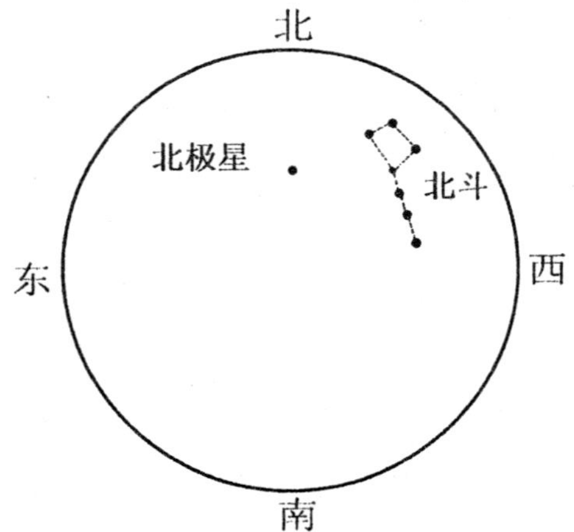

# 野外遇险　求生有术

出门在外，什么情况都有可能发生，比如遇到自然灾害、迷失方向、缺吃少喝，等等。如果事先学会了野外生存的本领，即使遇到这些情况，我们也能坦然面对，泰然处之。

元月的一个周末，12位男女学生结伴去攀登太平山。他们以为太平山一定是“太平”的，却不幸陷入了迷途。当发觉走错，想按原路返回时，却怎么也找不到原来的路了，他们只好继续往前走。走到最后，他们所带的干粮已经所剩无几，每人每天靠吃一块巧克力维持生命。有一位女生说，她饿得直想吃水中的蝌蚪。其实，太平山上有许多可以食用的野生植物，因为他们不认识，所以不敢吃，结果差点因此丢了性命。

这12位同学为什么会迷路？太平山上果真没有发现食物吗？

对人来说，维持生命最基本也是最重要的条件是水和食物，在野外更是如此。本案例中的这12位同学就是因为没有辨别野生食物的能力，而差点饿死在野外。

其实，慷慨的大自然赐予人类的野生食物是极为丰富的。仅就湖北省而言，常见的可食植物就有金樱子、悬钩子、草莓、野山楂、蔷薇果、荠菜、黄荆、野葛等，常见的可食动物有蝗虫、蝉、蜻蜓、蚯蚓等。寻找这些野生食物时，一定要注意安全。

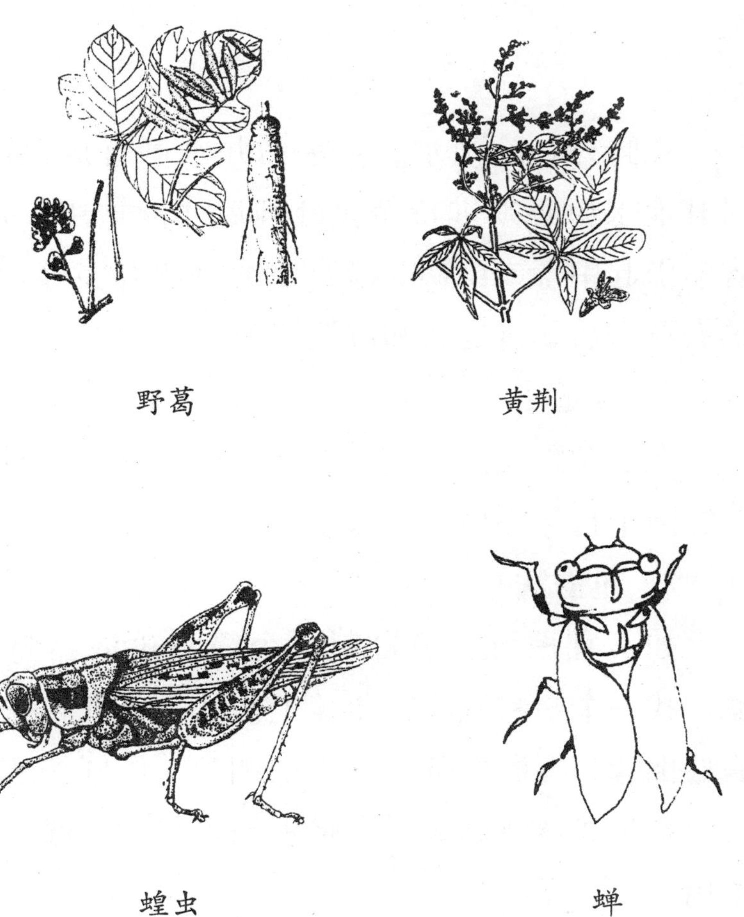

野葛　　黄荆

蝗虫　　蝉

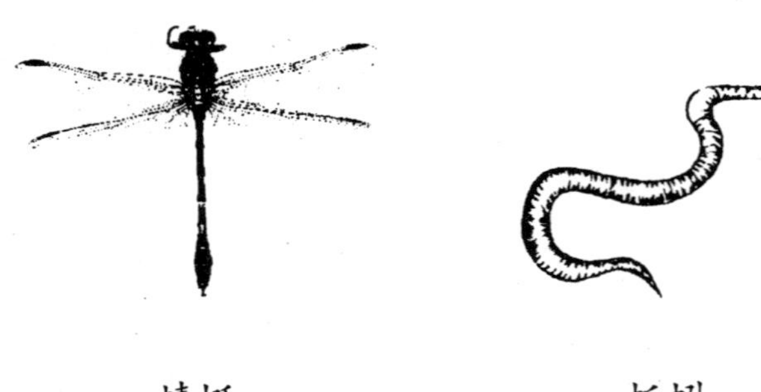

蜻蜓　　　　蚯蚓

在野外，除雨水、泉水和井水可直接饮用外，对其他水源必须进行净化处理后才能饮用，否则，容易引起中毒或染病。净化水的方法有多种，常见的有渗透法、过滤法和沉淀法等。

1. 渗透法

在水源附近向下挖一个坑，让水从砂、石、土的缝隙中自然渗出后再取用。

2. 过滤法

如不宜挖坑，可自制一个简易过滤器将水过滤。找一个塑料瓶，在瓶盖上扎几个小孔，去掉瓶底后倒置，在瓶中铺上干净的细沙，压紧按实，一个简易过滤器便制成了。将水倒入其中过滤后即可饮用。

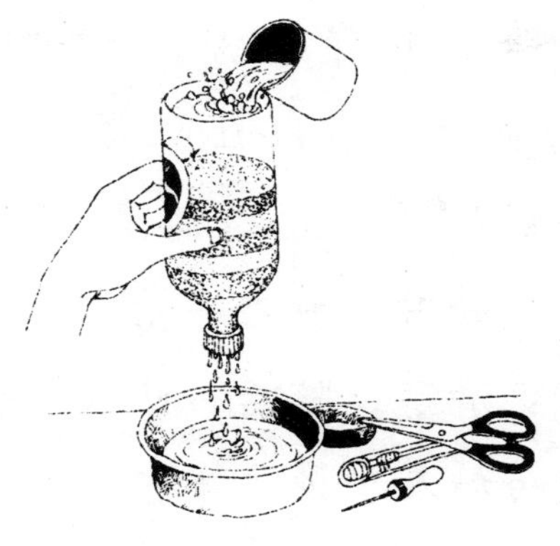

3. 沉淀法

将找到的水收集到盆或壶中，放入少量的仙人掌（捣烂）、榆树皮（捣烂）等，在水中搅匀后沉淀30分钟，轻轻舀起上层的清水即可饮用，注意不要搅起已沉淀的浊物。

## 小 知 识

在水源紧张的情况下，要合理安排饮用水，不要因一时口渴而狂饮。如果一次喝得太多，身体会在吸收后将多余的水分排泄掉，这样就会白白浪费很多水。

考察队走了很长时间，终于发现前面有一个水潭。队员们一下子围了过去，打算用手捧起水就喝，但被队长制止了。他让队员们找来了一些树皮、树叶，捣烂磨碎，放到桶里，灌上大半桶水，用筷子搅拌了几分钟，放在一旁。十几分钟后，水桶中浑浊的水变清了。随后，队长将清水倒在另一个桶中，在里面加入了少许高锰酸钾。约半个小时后，水变成了淡淡的紫色，还带有一点气味。“不要紧”，队长对大家说，“现在你们可以放心地喝水了。”

请回答：

1. 队长不让队员们直接喝水潭里的水的原因是（　）。

A. 队长认为水中有毒

B. 队长认为冷水喝下会生病，所以要煮沸了喝

C. 队长认为水中有杂物，要沉淀了以后才能喝

2. 树皮、树叶被捣烂磨碎放到桶中的作用是（　）。

A. 净化水

B. 水很苦，加这些东西可以掩盖水中的苦味

C. 没有多大的作用，只是个人的喜好

3. 加入少许高锰酸钾的目的是（　）。

A. 使水的颜色更好看一些

B. 对水进行消毒

C. 可以驱除水中的异味

# 被毒蛇咬伤以后

森林、草地是蛇出没频繁的地方，每年 4 月～11 月是蛇活动的季节。分布于我国的毒蛇已知的约有 50 种，经常对人类造成伤害的有 10 余种，如眼镜王蛇、金环蛇、银环蛇、竹叶青蛇、蝮蛇、海蛇等。人如果被这些剧毒蛇咬伤而又得不到及时的救治，就会有生命危险。

已是傍晚时分，考察队决定宿营。劳累了一天的小方随便吃了几口饭，就躺下呼呼大睡了。突然，他觉得腿上有什么东西在蠕动。“哎呀，有蛇!”小方大声惊呼起来。喊声惊醒了同伴。队长赶忙赶过来，问发生了什么事情，小方说：“我的腿刚才被蛇咬了。”队长俯下身一看，发现小方的小腿上有两个深深的牙痕，显然是毒蛇留下的。他立即拿来纱条，在伤口上方将小方的腿紧紧绑扎。队长这几天口腔发炎，在对伤口进行了消毒处理后，他让身旁的小陈帮忙把蛇毒吸出，并让小方服下随身带的蛇药。由于处理及时和得当，小方的生命保住了。

小方被毒蛇咬伤后，队长采取了哪些有效的急救措施?

本案例中，队长显然是懂得有关毒蛇咬伤的急救知识的，他的及时得当的处理保住了小方的生命。

1. 早期绑扎，防止毒液扩散。被毒蛇咬伤后，立即就近取材，用布条或绳子在被咬伤肢体的上方（近心脏端）绑扎。绑扎动作要迅速，松紧度以阻止静脉血和淋巴液回流为宜。绑扎后将伤肢放低，每隔 20 分钟放松 2 分钟～3 分钟，以免肢端瘀血时间过长，直到医疗机构作进一步处理时解除。

手指咬伤的绑扎部位

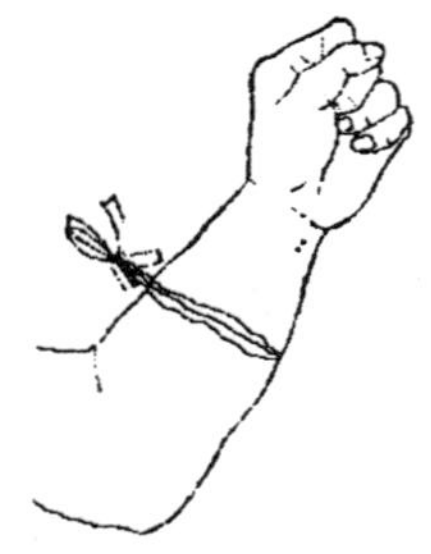

前臂咬伤的绑扎部位

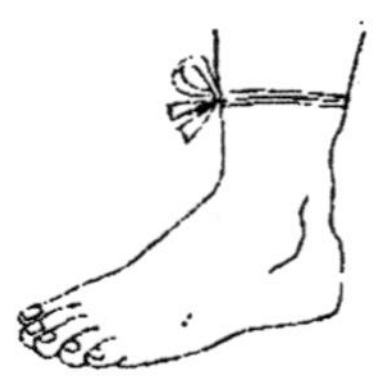

足背咬伤的绑扎部位

2. 冲洗伤口。绑扎后，用清水、肥皂水或生理盐水冲洗伤口，冲走留在伤口浅处的蛇毒，减少人体对蛇毒的吸收。

3. 排毒。将伤处浸入凉水中，逆行推挤使部分毒液排出。紧急情况下，救护人员也可直接用嘴对准伤口吸吮排毒，边吸边漱口，但急救者口腔黏膜须无破损，无龋齿。

4. 蛇药解毒。目前国内研制的蛇药比较多，外出时不妨带一些备用。

采用上述急救方法的同时，应设法迅速将伤者送往就近的医院治疗。

上述急救步骤中的第 3 步，我们自己做不了，因为我们自身防范能力弱，必须由在场的大人来做。

怎样从蛇咬伤后留下的牙痕判断是毒蛇咬伤还是无毒蛇咬伤?

无毒蛇没有毒牙，被无毒蛇咬伤者，伤口往往留有四行均匀而细小的牙痕；毒蛇有毒牙，被毒蛇咬伤者，伤口在绝大多数情况下留有两个比较大而深的牙痕。由于种种原因，牙痕可能比较模糊，难以辨别，为保险起见，无论是被毒蛇咬伤，还是被无毒蛇咬伤，我们都应该按毒蛇咬伤处理。

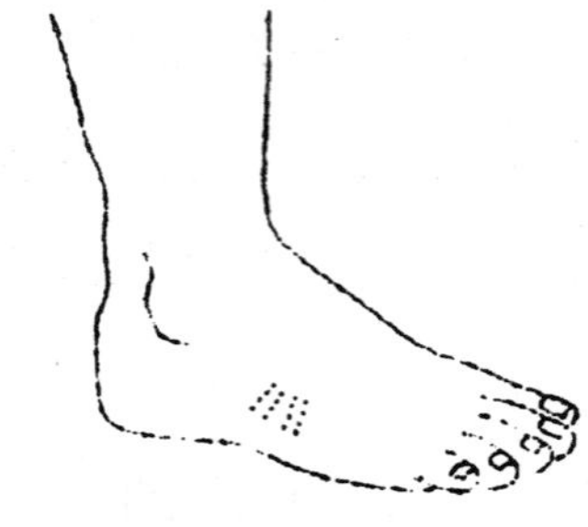

无毒蛇咬伤时常见牙痕示意图

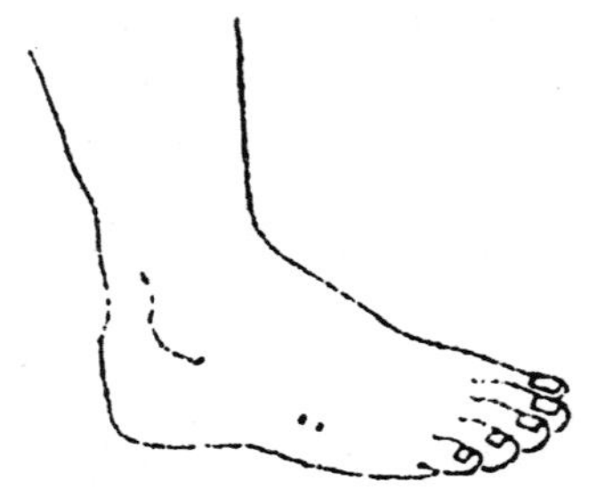

毒蛇咬伤时常见牙痕示意图

## 知识链接

被蜈蚣咬伤怎么办？

蜈蚣俗称“百足”，属多足类节肢动物。多分布于潮湿的腐木、石隙、瓦砾、树皮及落叶下，昼伏夜出。蜈蚣的第一对足呈钳钩状，蜇人时蜈蚣毒进入皮肤。当人被蜈蚣蜇咬后，患处疼痛红肿，严重的可引起头痛、发热、呕吐、抽搐等。万一被蜈蚣蜇咬，可采取如下急救措施：

（1）局部冷敷和弱碱性液洗敷。例如可用淡氨水、小苏打水或肥皂水洗敷患处。

（2）如家中备有蛇药，可口服片剂或将药片研碎，用冷开水调敷患处。

（3）症状严重的（尤其是儿童被蜇）应到医院作进一步的处理。

## 知识链接

马蜂窝捅不得

有些同学因为好奇而去捅马蜂窝，这是很危险的。马蜂窝是捅不得的，否则会遭到可怕的报复。

常见的蜂有蜜蜂、黄蜂和马蜂三种，它们都有尾刺。蜂蜇人就是通过尾刺把毒液注入人体内的，但只有蜜蜂蜇人后把尾刺留在人的皮肤内，黄蜂、马蜂蜇人后，都不留尾刺。

在野外，万一遭遇蜂群的攻击，应该就地卧倒，不要乱跑，因为蜂飞的速度比人跑的速度快。要立即抱头蹲下，用书包、衣服或者手臂将身体裸露部位遮住，尤其是头部和面部，不要试图反击，否则只会招致更加疯狂的攻击。

如果被蜜蜂蜇伤，要想办法将尾刺挑出，不要挤压伤口，以免毒液扩散。因蜜蜂的毒液呈酸性，可用肥皂水、小苏打水或淡氨水等碱性溶液洗涤、涂擦伤口，以中和毒液。

如果被黄蜂蜇伤，因黄蜂的毒液呈碱性，可用弱酸性液体如食醋、人乳等涂擦患处。如果被马蜂蜇伤，可将马齿苋嚼碎后涂在患处，以减轻疼痛。但要注意，不论是被哪种蜂蜇伤，都不能用红药水、红汞、碘酒之类的药物涂擦患处。

如果局部症状比较严重，出现全身性过敏反应，除进行上述处理外，如备有蛇药，也可口服解毒或外敷，并立即送往就近的医院救治。



一天下班后，美国芝加哥自然博物馆研究员、动物学家卡尔·施密特博士，像往常一样留下来继续观察一条南美洲毒蛇，希望找出一些有规律性的东西。突然，凶猛的毒蛇趁施密特不注意，咬伤了他的手指，殷红的鲜血从手指间流了出来。他拼命挤压手指，想把毒血挤出来，可是效果甚微，他已经感觉到头晕、恶心。施密特抓起电话求救，却发现电话坏了；硬撑着去找人，但整幢办公楼空荡荡的，一个人也没有。在生命垂危之际，他决定把自己的反应记录下来，作为最后的“实验报告”和科学资料留给后人。

面对死亡，他十分坦然地拿出纸笔，开始记录自己的感受：“体温很快上升到39.5℃。”

他停了一会儿，又写道：“胃剧痛。”

死神一步步逼近，他继续写道：“燥热，耳鸣；睁开眼时，眼皮痛。”

……

施密特以非凡的毅力与死神抗争，手在剧烈地颤抖，字也变得龙飞凤舞了，但他并不气馁，还在顽强地写道：“四小时了，我的伤口、鼻、嘴开始出血……”

施密特痛苦极了，咬牙写道：“我看不见体温表了，情况非常严重。”尽管如此，他还是没有忘记自己的研究职责，他要将自己的亲身感受留下，以供后人借鉴。他拼死写了最后的几句话：“血，从鼻子、嘴里淌出来，疼痛消失了，变得软弱无力，我想，开始脑充血了……”

在与死神拼搏了五个多小时之后，可怕的死神夺去了施密特的生命。施密特留下了一份珍贵的“实验报告”，这是对死亡的真实记录，也是科学精神挑战死亡的悲壮颂歌。这篇用生命写成的“实验报告”，为后人鉴别诊断蛇毒提供了极为珍贵的第一手资料。

作为动物学家，施密特并非不知道被毒蛇咬伤后的急救方法，但限于当时的环境和条件，他没有办法救自己。在可怕的死神面前，他是怎样做的？他的身上体现了一个科学家什么样的品质？

# 千万别逞能

好胜心强、喜欢表现自己，是青少年的特点之一。这本无可厚非，如果用在学习上，还是一个优点呢。但是，如果不顾自己和他人的生命危险，去追求冒险刺激、恃强逞能，想在人前“露一手”，可就不好了，有可能给自己或他人带来伤害和不幸。

看看下面这三组图，都发生了些什么事情？

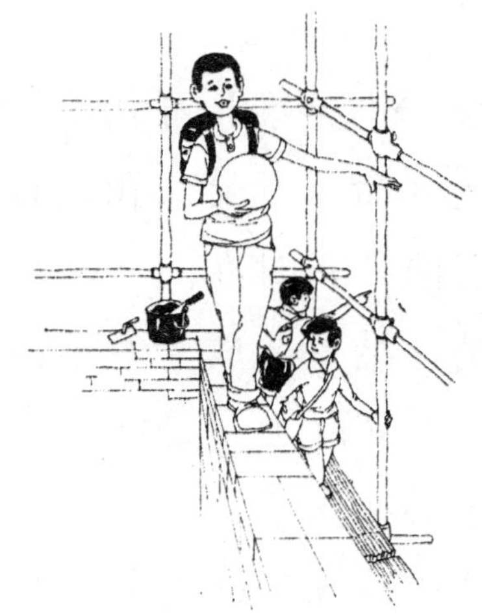

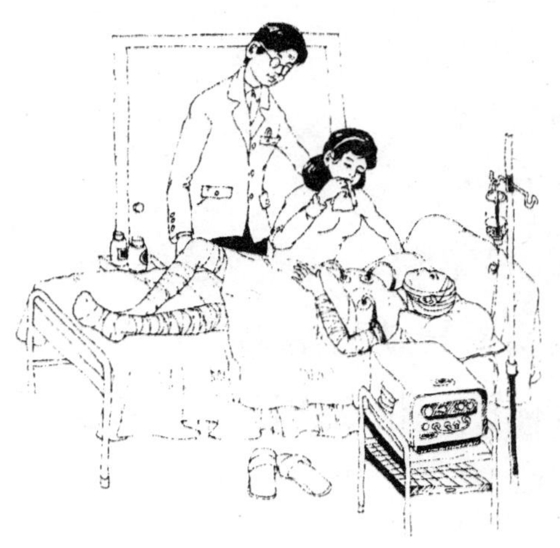

上面的三位“小英雄”可能不知道，他们实际上是在拿自己的生命开玩笑。我们有些同学喜欢寻求刺激、恃强逞能，有时在同伴的怂恿下，会干出一些冒险的事情，结果造成了本不该有的伤害。追根溯源，这些行为实际上一是没有意识到后果的严重性，二是虚荣心在作怪。

在日常生活中应该怎样避免因恃强逞能而导致的悲剧发生呢？

不争强好胜。同学一起玩耍，本是为了增进友谊、陶冶情操，不要事事想着出风头，争个高低输赢。

克服虚荣心。不要无谓地去争“面子”、争当“小英雄”。

怂恿要不得。冒险者的冒险行为在很大程度上是受人怂恿鼓动的结果。从爱护同学出发，我们不应该这样做，相反应该劝说和制止。

小学生李志刚因弹弓弹得准，号称“神枪手”。一天下午放学后，有个同学望见学校食堂的管理员一手提着菜篮子，一手拎着一只小红桶，从远处走了过来，便对李志刚说：“你平时总自夸为神枪手，今天倒要看看你这神枪手是真是假，有本事射中那人的红桶吗?”其他同学也七嘴八舌地跟“神枪手”打起赌来：“打中了我请你吃牛肉面。”“我请你到动物园玩。”“我请你去公园划船。”“神枪手”一弹射去，红桶没打中，反而打中了管理员的右眼。虽经半年治疗，管理员的右眼还是未能保住。

# 开玩笑要适度

活泼外向的人一般都喜欢开玩笑。善意、健康、幽默的玩笑可以活跃气氛，增长智慧，增进友谊。但是，开玩笑一定要适度，还要注意有些玩笑是不能开的。

放学回家的路上，个子比较瘦小的洋洋突然听到后面有人喊："小猴子，等一等！""小猴子"是黄越、陈可和赵衡给他起的绰号。洋洋很讨厌这个绰号，可又拿这三个小"霸王"没办法，只好尽量躲着他们。洋洋回头一看，正是黄越他们三个。他知道他们赶上来准没好事。于是，他不但没有停下来，反而走得更快了。但是他们很快追了上来，拦住洋洋，不让他走。洋洋往左，他们就挡在左边；洋洋往右，他们又堵在右边。如此三番五次后，他

们开始动手把洋洋推来搡去，边推边喊：“小猴子！小猴子！”

洋洋实在忍无可忍了，照着揪住自己衣襟的黄越的鼻子就是一拳。黄越的鼻子很快流出殷红的血来，他一下子傻了，陈可和赵衡也没想到洋洋居然敢出手反击。

黄越等人有哪些地方做得不对？假如你是洋洋，你会怎么办？

朋友之间开开玩笑，只要这些玩笑没有恶意，当然是可以的。

从本案例来看，黄越等人给洋洋起“小猴子”的绰号，是对洋洋不尊重的行为，实际是在取笑洋洋，伤了他的自尊心。而且他们在放学回家的路上对洋洋百般纠缠，已经超出了正当的玩笑范围，这样做是不对的。而洋洋作为受害者，当别人取笑自己时，也应该冷静对待，找出适当的处理办法，以免使矛盾激化。

## 小 提 醒

开玩笑时，要注意以下几个问题。

注意场合。例如不要在别人悲伤时开玩笑。

注意对象。例如不要随便与长者或性格过于内向的人开玩笑。

把握分寸。例如开玩笑时注意不要使人难堪。

不取笑别人。尤其要注意不要拿别人的生理缺陷开玩笑。

当遇到别人开自己的玩笑，使自己感到很不舒服时，该怎么办呢？

大声拒绝。当自己感觉无法接受时，就大声说出来，让别人知道自己已经接受不了了。

一走了之。如果别人不听你的劝阻，继续为难你，可以采取冷处理的办法应付这样的尴尬局面。

向他人求助。当你决定走开，别人还不肯放过你的时候，可以向他人求助，不要发生正面冲突。

调整心态。朋友之间开玩笑一般都是善意的。这样一想，自己的心情就会立即愉快起来。

培养自己的心理承受能力，不要遇到一点小事就想不开。

# 珍爱生命

在我们成长的过程中，不可能总是一帆风顺。遇到烦恼和挫折，我们不能悲观失望，更不能用死来解决问题。

被同学们称为“机王”的阿华向同学借了一台游戏机，又向邻居借了两盘游戏带一起放在家里。傍晚，阿华从学校回来，发现游戏机不见了，阿华去问妈妈，妈妈告诉他，游戏机被爸爸没收了。晚上，爸爸回来后，狠狠训斥阿华只顾着玩，耽误了学习，并当面把他借来的游戏机砸了个粉碎。阿华整个晚上都不说一句话，把自己紧紧地关在卧室里。第二天早上7时左右，阿华的妈妈喊阿华起床，一打开卧室的门便惊呆了，阿华竟然上吊自杀了！虽经全力抢救，阿华还是没有再睁开眼睛，从此离开了爱他的父母、老师和同学们。

将你看了这个案例的感受说给大家听一听，我们应从中吸取什么教训？

的确，阿华的爸爸在这件事的处理上有不妥之处，但是，阿华以自杀这种极端方式来解决问题，是绝对不可取的，付出的代价太大了。为什么稍不顺心就以死来解决问题呢？人最宝贵的是生命，生命对于每个人都只有一次。

阿华的死源于心理抑郁没有得到及时排解。仔细想想，其实有很多办法可以使自己从消极、低落的情绪中走出来。

与朋友、老师、父母或心理咨询人员等交谈，不但能宣泄消极的情绪，而且也能获得有益的启示。

在日记中宣泄自己的烦恼与不快。

转移注意力。比如在产生不良情绪时，可以参加一些有意义的体育运动，或干脆睡上一觉等。

生命对于每一个人都是宝贵的，它不仅仅属于我们自己，也属于关心我们的人。

“可怜天下父母心!”父母在我们身上倾注了无限的爱，我们不能因为自己一时的冲动而让他们痛苦一生。

## 刀剪无情要当心

在日常的生活和劳动中，我们有时难免会受到一些创伤。常见的创伤包括割伤、碰伤、扎伤等。如果伤不重，我们可以采取临时的应急办法处理。如果受伤比较严重，就要赶快去医院。

肖鸣放学回家，发现爸爸妈妈都还没有回来。这时正是播放动画片《灌篮高手》的时间。肖鸣打开电视，津津有味地看了起来。过了一会儿，他觉得有点饿了，就跑到厨房切西瓜吃。他边切边竖着耳朵听厨房外面电视的声音，担心错过了精彩的灌篮场面。切完西瓜，肖鸣随手把刀往旁边一放，抓起一块西瓜就往电视跟前跑。吃了一块，他又到厨房拿第二块。眼看就要放最关键的一场比赛了，他

顾不上开灯，抓起一块西瓜就走。谁知忙中出错，一不小心，他的胳膊碰到了砧板上的刀，立即被割了一道大口子。看着胳膊上流出了血，他吓得不知所措，连忙拧开水龙头想把血冲洗掉，谁知越洗越多。正在这时，爸爸妈妈回来了。

肖鸣为什么会受伤？他应当怎样避免？割伤后正确的处理方法是什么？

本案例中，肖鸣在切西瓜的时候，把注意力放在电视上，而且用完刀后，他又随意放刀，结果把自己割伤了。我们在日常生活中，使用刀、剪时不要分心，不要将刀口对人。用完后，要及时放在安全的地方。这些都是防止割伤的有效方法。

另外，当伤口流血时，用水冲洗不但不能止血，相反会使血流得更多，而且容易感染。肖鸣的处理方法是不对的。那么究竟应该怎样处理割伤呢？

浅表小伤口、直径1厘米左右的浅层伤口，可用指压止血法使伤口止血。方法是尽量选择清洁的布类（最好用急救包的无菌纱布）覆盖伤口，用洗净的手用力地压在纱布上进行止血。伤口停止出血后，用碘酒或酒精棉球对伤口周围皮肤进行消毒，再用无菌纱布包扎或创可贴贴上。

如果四肢受伤血流不止，可稍稍抬高患肢，并用手指将出血动脉的近心脏端用力往下压，以阻断血液来源，达到临时止血的目的，随即到医院作进一步处理。

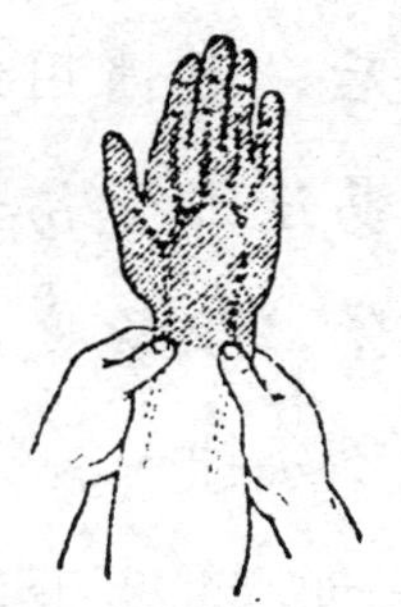

掌及手指出血压迫法

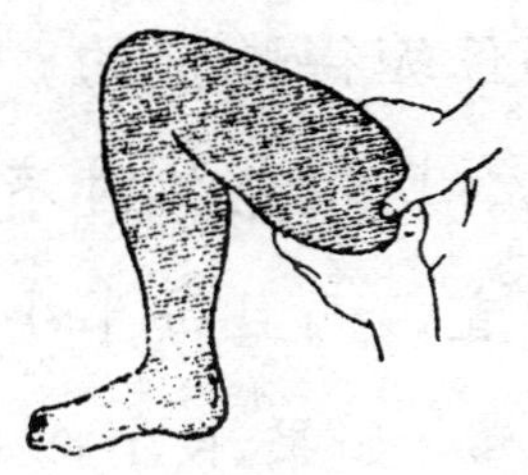

下肢出血压迫法

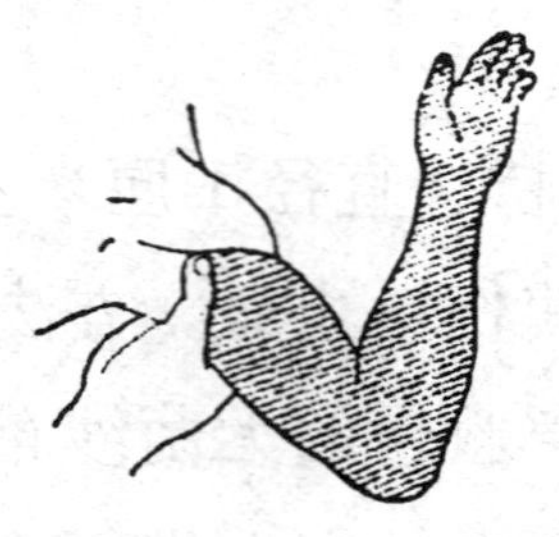

前臂与上臂出血压迫法

如果受伤比较严重，创面大，出血多，应赶快拨打 120 急救电话或者向就近的医院求助。

生活中常见一些人被划伤后，习惯用纱布将受伤部位缠得紧紧的，这样做容易造成受伤部位组织坏死。所以包扎时不可包扎过紧，松紧度以刚好止血为宜，而且每半小时要松开 2 分钟～3 分钟。

如果不小心碰伤了，一般情况下，浅表部位的碰伤可以自行愈合。但是如果碰伤较严重，就应该到医院请医生治疗。受伤后短时间内可采用冷敷和压迫包扎，并尽量抬高伤肢，以减少组织内出血。

如果被生锈的铁钉等扎伤，千万不要大意，不要认为把铁钉拔出来涂点药水就万事大吉了。这类伤口往往又深又脏，有发生破伤风的危险。此类创伤除需对伤口进行处理外，还要及时注射破伤风抗病毒素。

# 防止运动损伤

体育运动对人的生长发育和身体健康是很有用的，但运动时若不注意自我保护，也很容易造成伤害。运动损伤轻则伤皮肉，重则伤筋骨，甚至造成伤亡事故。

一天下午，正是课外活动的时间，同学们都在操场上进行自己喜欢的体育活动。陈万斌同学来到沙坑旁，准备跳远。他加速冲了过去，只听“哎哟”一声，他的脚扭了。

同学们立即围了过来，有的帮他脱下鞋子、袜子；有的赶紧跑到冷饮摊，买来了冰镇矿泉水，用冰水浸湿毛巾给他冷敷止痛；有的帮他擦去头上的汗珠，安慰他不要着急。休息片刻之后，大个子同学背着他，在众多同学的护送下去了医院。

经医生诊断，陈万斌的踝（huái）部没有骨

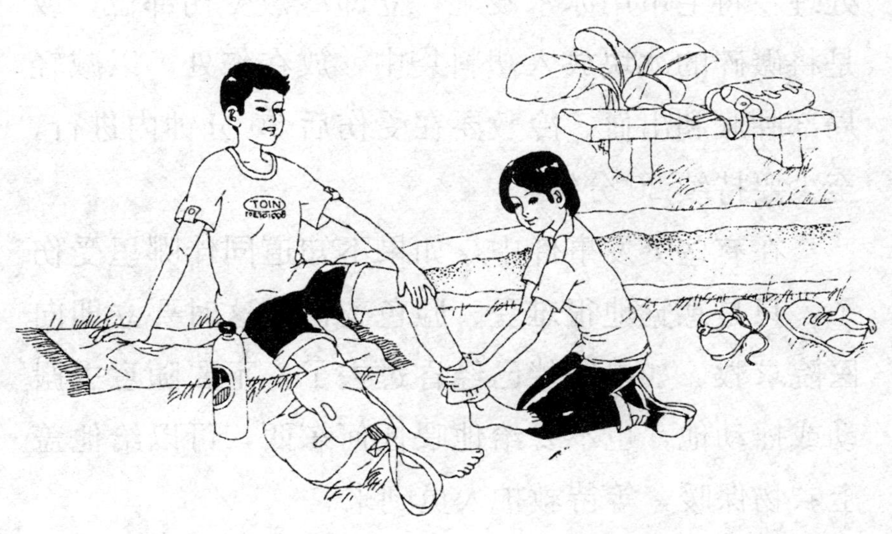

折，只是踝关节软组织扭伤，医生给他开了两周免上体育课的假条，叮嘱他注意休息。

陈万斌的脚扭伤后，他的同学采取了哪些救护措施？还有没有其他办法？



在本案例中，陈万斌之所以会扭伤脚，主要原因是他没有做任何准备活动就去跳远。同学们采取的救护措施都比较得当，有助于减少损伤、加快康复。

一般而言，如果脚扭伤了，可以这样进行早期处理：将毛巾用冰水浸湿，立即冷敷受伤部位；或是将碾碎的冰块放入塑料袋中，放在伤处，以减轻局部肿胀和出血。冷敷要在受伤后 30 分钟内进行，至少要持续 20 分钟。

在有些突发事件中，如果不知道同伴哪里受伤了，只是感觉他很难受、脸色苍白，这时要立即向医院求救。如果同伴已经昏过去了，不要随意去搬动或摇动他，也不要给他喂任何东西，可以给他盖上衣物保暖，等待救护人员到来。

## 小 提 醒

发生扭伤后，早期处理不能用热敷的方法，因为热敷会促进血液循环，加重肿胀程度。

小腿抽筋的处理方法：小腿抽筋时，可将膝关节伸直，持续用力绷直脚尖直到抽筋缓解，同时用力按压、揉捏小腿肚。

以下这些情况易造成运动损伤：

1. 缺乏自我保护意识。很多时候，人们是因为在体育运动中缺乏自我保护意识，粗心大意，结果造成损伤。

2. 不做准备活动或准备活动不够充分。例如，游泳之前不做准备活动，就容易发生小腿抽筋。

3. 动作不规范。在体育课上，学习新的动作时，一定要按照老师的要求去做，因为错误的、不规范的动作有可能使人受伤。

4. 运动量过大。在体育运动中，如果感到很累，或肌肉、关节疼得厉害，应该慢慢停下来，以免出现意外。

5. 身体和心理状态不佳。在睡眠不足或休息不好，患病、受伤或伤病初愈阶段，以及疲劳和过度饥饿时，参加剧烈运动或练习较难的动作，有可能发生损伤。

6. 场地不合要求。运动场地有碎石等杂物，跑道太硬或太滑，沙坑不够松软或有小石块，运动器材年久失修，等等，都有可能使人受伤。

# 壮壮的脚烫伤了

烧伤、烫伤会损伤皮肤，而且极易引起感染，甚至危及生命。所以，在日常生活中，当我们与热水、蒸气、火焰等接触时，千万要小心。小面积烧伤或烫伤，立即浸入冷水中是有效的急救办法，遇到大面积烧伤和烫伤，应及时到就近的医院治疗。

一天中午，壮壮家里来了两位客人，妈妈让壮壮给客人倒茶，壮壮拎着水壶往杯子里倒水。由于倒得太急，滚烫的水一下子溢了出来，泼在了壮壮的脚上，客人惊叫道："壮壮的脚烫伤了！"妈妈听到叫声，迅速赶过来，脱掉壮壮的鞋子，把他的脚放进盛着凉水的脚盆里浸泡了十多分钟。

壮壮是怎样烫伤的？你被烫伤过吗？烫伤了该怎么办呢？

在日常生活中，我们难免要接触火焰、开水、热菜、热汤等，如果不注意，就容易被烧伤或烫伤。本案例中，壮壮因为倒开水时太急而被烫伤了脚。我们应该从中吸取教训，在家中与可能导致烧伤、烫伤的东西接触时，一定要小心谨慎，以免不必要的伤痛和麻烦，万一被烫伤，则要立即进行急救。妈妈对壮壮施行的救护措施是有效的，值得借鉴。

现场处理烧伤与烫伤的总的急救原则：消除致伤因素，脱离现场，进行自救处理后，立即到医院接受治疗。临时急救措施包括以下几项：

迅速脱离火源。身上衣物着火时，立即脱掉，或在地上滚动压灭火焰，也可用冷水浇泼或跳入冷水池中迅速灭火。不要带火奔跑呼救，也不要用手扑打火焰，以免风助火势，造成呼吸道烧伤或手被烧伤。

立即进行冷疗。小面积烧伤可用自来水连续冲洗创面或将创面浸入冷水中，或用冷水浸湿毛巾外敷。冷却时间为 30 分钟～60 分钟，以停止冷疗后患者不再有疼痛感为宜，但大面积烧伤者或皮肤有破溃者应慎用冷疗。

创面红肿之前，除掉受伤部位的任何紧身衣服或手表等物。脱衣不方便时可用剪刀剪开，不要强行脱掉与创面粘连的衣物。

保护受伤部位。在现场，尽可能保证创面不再被污染，不再损伤。可用干净布类或敷料保护创面，不要用有色药物涂抹，以免给医生判定烧伤程度造成困难。冬天应注意保暖。

如局部轻度烧伤、皮肤无破溃，可涂擦獾油等烧伤药液，但不要用酱油、草木灰等所谓“民间偏方”涂抹。



## 小 提 醒

在伤口愈合的过程中，新皮肤和肌肉生长时，伤口处会发痒。注意不要去撕伤疤、挠伤口，以免感染。

# 谨防中暑

夏季是一年中气温最高的季节。烈日炎炎，酷暑难当，人容易中暑。中暑不只是发生在室外，在高温潮湿的室内，也可能发生。

一天中午，烈日当空，志华一个人走在田埂上，去给爸爸妈妈送水送饭。志华走了很久，终于到了。他放下手里的东西时，已经满头大汗，而且感到头晕眼花，浑身无力。爸爸妈妈见此情形，知道他是中暑了。附近正在干活的大人们听说志华中暑了，也都围了过来，七嘴八舌地议论着救助的办法。

志华为什么会中暑？说说你知道的避暑方法。

人在烈日下长时间劳动、走路，或在其他高温环境下连续工作，没有很好地休息，也没有采取防暑措施，往往容易中暑。本案例中，志华因为长时间在烈日下行走而引起中暑的。

由于中暑主要是过热引起的，急救时要立即将中暑者转移到阴凉通风的地方，松解衣裤。此外，空气不流通会加剧中暑的程度，围观者应主动散

开，以保证良好的通风。

一般说来，中暑急救措施主要有以下几个步骤：首先是将中暑者转移至阴凉通风的地方休息。接着，给他喝一些清凉饮料，如淡盐水、绿豆汤、菊花茶等，但不能喝浓茶、可乐、汽水、咖啡等。此外，让中暑者平躺，口服人丹、十滴水、藿香正气水等药物，或者用清凉油、风油精涂擦太阳穴，也有助于缓解中暑。重度中暑昏迷者，应紧急送医院救治。

中暑后为什么不能喝浓茶、可乐、汽水和咖啡？

中暑是机体产热和散热平衡失调的结果。浓茶、可乐、汽水、咖啡等饮料含有咖啡因或葡萄糖类成分，中暑病人饮用后，会使其机体代谢加强，心率加快，产热增多，从而加重中暑；同时，咖啡因有利尿作用，易导致机体脱水，不利于中暑病人的救治和康复。因此，人中暑后不要饮用以上饮料。

夏季如何预防中暑？

- 不要直接曝晒。外出时可以打伞或戴草帽遮阳。
- 高温、高湿的环境中，注意通风，或者用电扇、空调降温。
- 多吃新鲜蔬菜、水果及高蛋白食物，多喝一些清凉型的饮料，如绿豆汤等，并注意充分休息。

在高温环境下，人大量出汗，水分和盐分丧失较多。因此，在补充水分的同时要适量补充盐分。

# 学当小厨师

平时在家里，每当香喷喷的饭菜端上桌时，我们的食欲就上来了。一天天长大的我们，梦想有朝一日自己也能做出一桌可口的饭菜来。

一天中午，小强独自一人在家，想煎个鸡蛋，却又忘了妈妈平时是怎么做的，只好凭印象往锅里倒上油，然后点燃煤气。他没注意到锅里还有些小水珠，锅里立刻噼里啪啦地响起来。他正准备去客厅的冰箱里拿鸡蛋，就在这时，电话铃响了。他连忙去接电话，是妈妈打来的。他在电话里和妈妈聊了起来，竟把煎鸡蛋的事忘到了脑后。

当小强拿着两个鸡蛋回到厨房里时，顿时大吃一惊。也许是煤气阀门开得过大，接电话的时间又太长，锅里的油燃起来了，红色的火焰好像一条条

凶狠的毒蛇，嘶嘶地叫着。

小强急忙放下鸡蛋，去关煤气灶的阀门，可是火焰太大了，手不能靠近。他急得团团转。这时，他突然想起了煤气罐的阀门，于是急忙绕到煤气灶后面，关掉了煤气罐的阀门，切断了火源。

但是，锅里的火还在逞凶，火焰还在一个劲儿地狂舞。小强猛然想起自己学过的灭火知识：油着了火，千万不能用水浇，否则火势会更猛；火没有了氧气，就会熄灭。他立刻拿来锅盖，对准火苗盖下来，终于把嚣张的火魔镇压下去了。小强长长地吁了一口气。

油锅为什么会起火？除了文中提到的灭火办法，你还有其他办法吗？

本案例中的小强犯了两个错误：一是在水还没有烧干的情况下就往锅里倒油，这很容易使锅里的热油溅出来烫伤人；二是在点燃煤气灶后离开太久，致使油锅起火。在危急时刻，小强关掉煤气罐阀门的做法很关键，一下子化解了主要危机。接着，小强开动脑筋，运用所学的灭火知识扑灭了油锅里的火。

在厨房中，要注意哪些问题呢？

接触火、开水等，要格外小心，防止发生烧伤、烫伤事故。

使用高压锅前，要先检查锅盖的通气孔是否畅通，限压阀是否完好无损。关火后，要确认高压锅内的气体全部释放后，才能打开锅盖。

厨房里的各种用品要定位摆放，并在瓶上、罐上写明所存放物品的名称，以免混淆误用。

菜刀等利器和砧板等较重的物品，一定要稳拿稳放，小心取用，用完后应放在妥当的地方。

若用柴草做饭，要注意随时清理灶口的柴草，防止火星溅入柴火堆里，发生火灾。

# 遭遇房屋倒塌的时候

生活中并非事事都能如己所愿，有时候不经意间灾难就会降临到我们头上。如果遇到房屋倒塌，掌握自救和逃生技能是十分必要的。

一天下午，叶凡所在的班正在补习英语，窗外阴雨绵绵。下午 4 时 30 分左右，教室顶棚突然开始掉土，紧接着房顶也塌了下来。班上 31 名学生中的 16 名以及 1 名英语老师被砸伤，叶凡也在其中。刘历是最先跑出教室的，他说："当我看到屋顶开始掉土的时候，我就感觉到我们的房子要塌了，我的位置靠门口，所以我就不顾一切地跑了出去。"小雯是在废墟里被发现的，所幸只是受了点轻微的擦伤，她回忆道："当时同学们都在往外涌，而且很多同学已经受伤，我个子小，也挤不过他们，眼看房顶要塌下来的时候，我就跑到墙角蹲着，平时老师也教过我们要这样做的。"

面对突然发生的灾难，刘历和小雯是怎样做的？

房屋倒塌的隐患无论在城市还是在农村都是不可忽视的。万一发生房倒屋塌的意外事故，可以采取以下措施：

如果是平房倒塌，应迅速钻到桌子下、床底下或蹲在不靠近窗户的墙根下。

如果是楼房倒塌，那么除上述办法外，还可以躲进厨房或厕所等空间比较狭小的地方。

如果是在上课时发生房屋倒塌，切不可随人流乱挤乱撞，更不能往楼下跳。靠近门口的同学应以最快的速度跑出门或跑下楼，跑不及的同学则应该迅速钻到课桌下或蹲在墙角处。

如果不幸被倒塌的建筑物掩埋，自己又无力脱险，则要尽量减少体力消耗，不要盲目呼喊和挣扎。乱喊乱叫会使体力下降，还会吸入大量烟尘，容易造成窒息。要以顽强的意志克服死亡的恐惧，耐心静听外面的动静。听到外面有动静时，可以敲击身边的物体发出声音，以引起注意，争取获救。

## 小知识

墙角处、厨房、卫生间等空间比较狭小的地方的顶板与四面墙板咬合比较紧密，而且上下水管也能起到一定的支撑和阻挡作用。所以，房屋倒塌时，人躲在这些地方相对比较安全。

我当时正在公司上班，公司就在西雅图特科马国际机场旁边，也正是全西雅图位于震中最近的地点。强烈的震动突然袭来，我当时以为是建筑载重汽车经过，但是震动越来越强烈，同时听到很大的“咚咚”声，还伴随着窗户上玻璃破碎和落地的声音，以及家具扭曲和晃动的声音。我这才意识到是地震，我的房间随时都可能倒塌。有同事惊叫“Earthquake”（地震），我们本能地跑出了大门。现在回忆起来，当时的感觉就像在晃动的小船上跑步，不断的晃动使我很难保持向前，只能左右扶着墙壁，磕磕绊绊勉强跑出了屋外，直到门外的停车场。回头看着公司，还能听到仓库的大铁门由于晃动不住地发出“咚咚”的响声，而停车场中的很多汽车都发出了警报声。

震动持续了相当长的一段时间，才渐渐平息下去。随后，公司的其他职员也纷纷涌出大门，每个人脸上都流露着惊恐。我这才意识到他们都作出了当时应当作出的反应——立刻躲到桌子底下，而像我们这样惊慌地跑出大门的做法是错误和危险的。待震动过后，我回到屋内，看到书架上的东西掉落了一地，而摆放在桌子底下的一盆鲜花却安然无恙。

在发生房屋倒塌时，应该怎么做?

你认为案例中的主人公的做法是否正确?

为什么屋内的一盆鲜花会安然无恙?

# 火灾中的自救

火给人类带来了光明和温暖、进步和文明。但是，如果不注意用火安全，火也能给人带来灾难。

一天傍晚，某饭店发生了一场特大火灾。当时正值就餐高峰，大火发生时，很多人都措手不及。浓烟熏得人双眼难睁，五步开外看不清东西，两侧楼梯烟火直窜。这场大火，共造成几十人死亡。但其中一老一少却成功逃生。

据悉，火灾发生时，这位已60多岁高龄的老人与一年轻人正在起火楼层的房间内。同其他人一样，得知着火后，老人的第一反应是开门，但他见楼道内烟火弥漫，立即紧紧关上门。随后，他让年轻人马上把房内的水龙头打开，用湿毛巾捂住口鼻。接着，他又用火将蜡烛点亮，打开窗户向外摇晃蜡烛求救。见有火光，消防人员迅速搭云梯将他们成功救出。事后得知，这位老人所在楼层的其他人几乎无一幸免。

案例中的老人和年轻人为什么能在火灾中死里逃生？

案例中老人和年轻人的获救很有借鉴意义。显然，这位老人是懂得一定的消防知识、逃生技能和方法的。当晚着火时，许多人茫然无措，这位老人在逃生无路的情况下，没有盲目地和其他人一起在楼道内乱跑，而是迅速回到房间紧闭房门，打开房间的水龙头降湿，同时用湿毛巾捂住口鼻，终被消防人员发现用云梯车救下。可以说，这位老人在危险时刻是自己救了自己。

火场中如何逃生自救呢?

熟悉环境。每到一个新地方，特别是公共场所，要留心看一看楼梯、太平门、安全通道、紧

急出口的位置，以便遇到火灾时能及时疏散和逃生。

迅速撤离。逃生是争分夺秒的行动。一旦听到火灾警报或意识到自己可能被烟火包围，不要迟疑，要立即跑出房间，设法脱险。

毛巾保护。逃生时，可把毛巾浸湿，叠起来后捂住口鼻，无水时干毛巾也可。穿越烟雾区时，即使感到呼吸困难，也不能将毛巾从口鼻上拿开。

通道疏散。楼房着火时，应根据火势情况，优先选用最便捷、最安全的通道和疏散设施，如疏散楼梯、消防电梯等。

绳索滑行。如果各通道全部被浓烟封锁，可利用结实的绳子，或将窗帘、床单、被褥等撕成条，拧成绳，用水沾湿，拴在牢固的暖气管道、窗框或床架上，抓住绳索，沿墙面滑到地面或下到未着火的楼层，脱离险境。

低层跳楼。如果被火困在二层楼内，万不得已的情况下，也可以跳楼逃生。但在往楼下跳之前，应先向地面扔些棉被、枕头、床垫、大衣等柔软物品，然后用手抓住窗台，身体下垂，头朝上脚向下，自然下滑，以缩小跳落高度，并使双脚首先落在柔软物上。

## 小 提 醒

如果被烟火围困在三层以上的高楼内，千万不要急于往楼下跳，因为楼层距地面太高，跳楼容易造成重伤或死亡。只要有一线生机，就不要冒险往楼下跳。

暂时避难。在无路可逃的情况下，应努力寻找避难处所，以求暂避一时，待机而逃。如果在综合性多功能大型建筑物内，可利用设在电梯、走廊末端以及卫生间附近的避难间，躲避烟火的危害。如果大火封门，可泼水降温，等待救援。

2000 年 3 月 9 日晚，南太平洋岛国图瓦卢的一所中学发生严重火灾，造成 18 人死亡。据报道，这起火灾发生在该校学生就寝后，一名学生为复习备考，点燃蜡烛开夜车，但在看书的过程中，由于太困而睡着，燃尽的蜡烛迅速点燃了该生的书本，燃及蚊帐和整个宿舍。由于寝室所有的门都上了锁，学校又缺乏灭火的设施，17 名 14 岁～17 岁的女学生被困在宿舍里活活烧死，冲入宿舍救助的一名女管理员也不幸遇难。

# 遭遇“梁上君子”

人们习惯地把窃贼戏称为“梁上君子”。生活中，如果遭遇到“梁上君子”，我们该怎么办呢？

星期六下午，孙昭独自一人在家，同学打电话邀请他到学校参加一场足球比赛。一放下电话，他就飞快换好衣服和球鞋，随后拿起钥匙，将门猛地一带，就“噔噔噔”地下了楼。

天快黑的时候，他才拖着两条软绵绵的腿回家。他刚把钥匙塞进锁孔，门就开了。一定是爸爸妈妈回来了，他正要喊，突然听到家中有翻东西的声音，而且家中没有开灯。有“梁上君子”“拜访”！孙昭立刻紧张起来，一颗心“怦怦”乱跳，怎么办？

怎么办？请你帮孙昭出个主意吧！

入室行窃是盗窃案件中发案率较高的一种。一些同学缺乏必要的防盗意识，结果给窃贼提供了方便。本案例中，孙昭就是因为在家中无人的情况下，门未锁好就匆匆忙忙地走了，给窃贼留下了可乘之机。

检查一下，我们平时有以下这些缺乏防盗意识的行为吗？

在外与人随便谈论家里的情况

门未锁好就匆忙出门

如果发现窃贼正在家中行窃，大人又不在家，不要打草惊蛇，也不要直接冲上去与窃贼搏斗，以免遭到不测。在保证自身安全的前提下，可设法记住窃贼的一些基本特征，如性别、大致年龄、高矮、胖瘦、相貌、衣着、是否戴眼镜等等，然后向邻居求助，或拨打 110 报警。

如果窃案已经发生，窃贼已逃离现场，要在发现遭窃的第一时间拨打 110 报案，并注意保护好现场，等待警察叔叔前来处理。

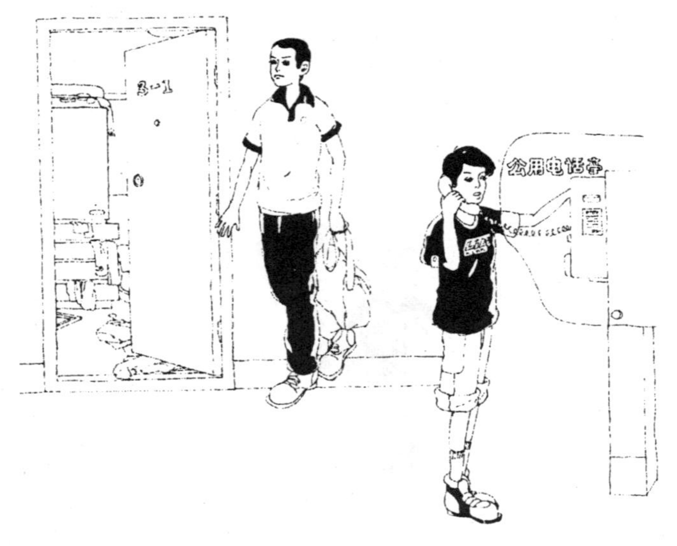


保护现场并及时报警

为了预防盗窃，我们应该注意以下几点：

- 不要将自己的家庭情况随便告诉陌生的人。
- 不要将自己家中的电话号码公开，以防歹徒用电话探路，趁家里无人时行窃。
- 外出时一定要锁好门。
- 邻里之间应互相照应，遇有可疑人员要严加盘问。

前不久，小伟家搬到了一个离学校较远的新的住宅小区。班里一些同时搬家的同学，都买了公共汽车月票，每天上学、放学，大家一起乘车。有一天，小伟在车上一脸得意地对同学说："告诉你们，找我家最容易啦，有空调、用铝合金封阳台的就是。"

"哦，不就是 3 门 305 室吗？以后我叫你，就冲阳台喊啦。"

"嗨，打个电话多方便，我家新安装的电话号码是××××××××。"

"小伟，你爸不是说自然课搞磁场实验时，用你家的小摄像机给咱们班摄像吗？你怎么不提这事了？"

“我爸不是忙吗？经常开会，回来特晚，我妈也回来晚，他们俩在单位是先进党员，光荣榜上老远就能看见李晔和王小兰的大名。”

“嘿！真够牛的！”

“我爸得了科技奖，他说把一万元奖金捐给希望工程，这个星期天就带我去。”

很快，这些孩子到站下车了，大家互相告别后就各自回家了。

次日上午，小伟家出事了，有人撬了他家门锁，摄像机和一万多元钱都不翼而飞了。他家人发现后，向公安机关报了案。公安人员经过对现场进行勘察分析后认为，作案人是有备而来，一定知道内情，而且是冲着财物来的。

# 路遇行凶巧应对

如果遇到袭击，我们该怎么办？随机应变、见机行事是保护自己的好办法。

李文是某中学的一名高年级学生，经常很晚才能回家。为了早点到家，他每次都抄近路，直接穿过一片荒地到公交车站搭车。有一次，他像往常一样穿越荒地，走到一半觉得怪怪的，好像有人在后面跟着他，回头一看，又没见到什么人，只见树影在随风摇曳，发出“吵吵”的声音。李文以为是自己多心了，便继续朝前走。但还没走上几步，他觉得后脑勺被什么东西猛击了一下，只听得“嘭”的一声，便失去了知觉。

感觉被跟踪后，李文采取行动了吗?

感觉自己被人跟踪，就应该加强防范。本案例中，李文已隐隐约约感到身后有人，但他以为是自己多心了，便放松了警惕，结果遭到了狡猾的行凶者的暗算。如果遇到类似情况，我们可以这样做：

冷静观察。先稍作停留，冷静地观察一下四周的环境，看从哪儿可以迅速离开，哪儿人多，哪儿有机关单位或派出所。观察清楚以后，立即行动。如果附近有人，就往人多的地方走；如果是夜晚，就向有灯光的地方走；如果附近有机关单位、派出所就更好了，可以上门求救。

若看到有灯亮着的人家，可装作回到自己家一样，自然地走上前按门铃，并大喊："爸爸妈妈，我回来了，快开门!"

如果对方明显地冲着自己快步跑过来，情况就很紧急了。要尽快地跑，把身上妨碍行动的重物扔掉，不管它有多重要，同时挥动双臂大声呼救。总之，要根据当时所处的环境来采取应对的措施。

## 小 提 醒

遇到拦路抢劫的歹徒，可以将身上的财物交给歹徒，与之周旋，同时记下歹徒的相貌、身高、口音、衣着、逃跑方向等线索，事后立即向公安部门报案。

如果你是女生，路上遇到行凶者该怎么办？

你走在路上，发现有人对其他人行凶，你会怎么办？